LOS TROLLS CABEZUDOS

El papel utilizado para la impresión de este libro ha sido fabricado a partir de madera procedente de bosques y plantaciones gestionadas con los más altos estándares ambientales, garantizando una explotación de los recursos sostenible con el medio ambiente y beneficiosa para las personas.

Por este motivo, Greenpeace acredita que este libro cumple los requisitos ambientales y sociales necesarios para ser considerado un libro «amigo de los bosques». El proyecto «Libros amigos de los bosques» promueve la conservación y el uso sostenible de los bosques, en especial de los Bosques Primarios, los últimos bosques vírgenes del planeta.

Título original: *Il risveglio dei Troll testadura*
Publicado por acuerdo con Edizioni Piemme, S.p.A.
Cubierta: Random House Mondadori / Judith Sendra

Primera edición: julio de 2009
Septima edición: abril de 2010

Texto de Roberto Pavanello
Proyecto gráfico de Laura Zuccotti y Gioia Giunchi
Diseño de la cubierta y de las ilustraciones de Blasco Pisapia y Pamela Brughera
www.batpat.it *www.battelloavapore.it*

Printed in Spain – Impreso en España

ISBN: 978-84-8441-561-9
Depósito legal: B-13215-2010

Compuesto en Compaginem
Impreso en Gráficas 94, S.L.
Sant Quirze del Vallès (Barcelona)

Encuadernado en Relligats Industrials del Llibre, S.L.

GT 15619

BAT PAT

LOS TROLLS CABEZUDOS

TEXTO DE ROBERTO PAVANELLO

montena

¡¡¡Hola!!!
¡Soy Bat Pat!

¿Sabéis a qué me dedico?
Soy escritor. Mi especialidad son
los libros escalofriantes: los que hablan
de brujas, fantasmas, cementerios...
¿Os vais a perder mis aventuras?

Os presento a mis amigos...

Rebecca

Edad: 8 años
Particularidades: Adora las arañas y las serpientes. Es muy intuitiva.
Punto débil: Cuando está nerviosa, mejor pasar de ella.
Frase preferida: «¡Andando!».

Martin

Edad: 10 años
Particularidades: Es diplomático e intelectual.
Punto débil: Ninguno (según él).
Frase preferida: «Un momento, estoy reflexionando...».

Leo

Edad: 9 años
Particularidades: Nunca. tiene la boca cerrada
Punto débil: ¡Es un miedica!
Frase preferida: «¿Qué tal si merendamos?».

¡Hola, amigos voladores!

En verano, ¿preferís ir a la playa, a la montaña, a un lago o al campo? Os lo pregunto porque las personas normales suelen elegir uno de estos cuatro destinos para pasar las vacaciones. Pero la familia Silver (¡ahora ya hace muchísimo tiempo que lo he entendido!) no es del todo «normal», precisamente. No es que les falte un tornillo, es que son muy... «especiales», en todo. Incluso con respecto a las vacaciones. Por eso este año no se han contentado con un bonito hotelito a orillas de la playa o un tranquilo albergue rodeado de bosques. ¡Demasiado fácil! No, ellos han elegido irse a Cabo Norte, ¡y encima en autocaravana!

¿No sabéis dónde está Cabo Norte? Tranquilos, os he dibujado un mapa aquí abajo. Además, yo tampo-

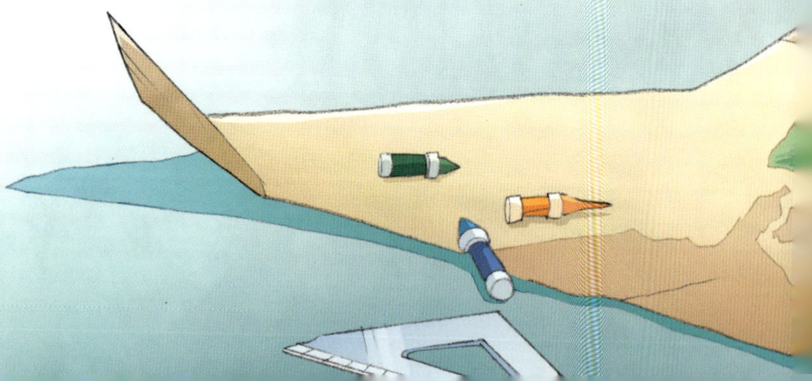

co lo sabía hasta que me metí hasta las alas en esta tenebrosa aventura.

En fin, si os apetece embarcaros en un viajecito a los confines del mundo, abrigaos bien y… ¡empezad a leer!

1

¡NOTICIAS FRESCAS

Adivináis a quién se le ocurrió la idea? Escuchad, escuchad: al señor Silver, que, presa de un repentino ataque de «juvenilidad», lanzó su propuesta una noche mientras cenábamos:

—Este verano os llevo a todos a Cabo Norte en autocaravana. ¿Quién se apunta?

—¡Yo paso! ¿Se puede saber qué pintamos en Cabo Nosequé? —mascculló Leo.

—Cabo Norte —le corrigió el «profesor» Martin—. Está en el extremo norte de Escandinavia, en territorio noruego, a unos setenta y un grados latitud norte, si no recuerdo mal.

—Lo que tú digas, Martin. Pero, en mi opinión, ¡aquí hay alguien que está con setenta y un grados de fiebre!

—Chicos, es un sitio único —argumentó su padre—. ¡Los de mi generación utilizaban cualquier medio de transporte, incluso el autostop, con tal de llegar al extremo más septentrional de Europa y asomarse al mar Glacial Ártico!

—¿Has dicho «glacial»? —preguntó Leo, cada vez más inquieto—. ¿No querrás decir que hará frío...?

—Un poquito... —le quitó importancia su padre—. Solo tendremos que abrigarnos bien.

Empezaba a estar de acuerdo con Leo. ¡Nosotros, los murciélagos domésticos, odiamos el frío!

—Acabo de comprar unos estupendos anoraks de oferta para toda la familia. ¡Mirad, están forrados con pluma de oca! —gorjeó la señora Silver, sacando cinco salchichones amarillos con capucha. Todos se los pusieron con cierta desgana.

—Parecemos una brigada de bomberos... —comentó Rebecca, vacilante.

Resultaba difícil mirarles y no soltar una carcajada. Pero las ganas de reírme se me quitaron de golpe cuando la señora Silver exclamó, exultante:

—¡Y también he encontrado uno para Bat Pat! Es una talla de recién nacido, ¿no es una monada? —¡En la mano sostenía una horrible chaquetita azul con un montón de ositos sonrientes! Me vi forzado a probármelo inmediatamente. ¡Parecía un bebé pasado de kilos!

—¡Qué ternura, Batuchito! ¡Solo te falta el biberón para estar perfecto! —se burló Leo.

—¿Quieres que la cambie por una de otro color, Bat? —me preguntó la señora Silver—. Las había en color rosa, verde guisante y...

—¡No, no, gracias, señora! ¡Este está muy bien! —me apresuré a contestar.

—En serio, ¿no podríamos ir a la playa, como todos los «terrícolas»? —volvió a insistir Leo.

—El sol estropea la piel —observó Rebecca—. Y, además, la vida de playa es aburrida. Al menos allí veremos algo nuevo. ¡Yo estoy de acuerdo!

—Yo también —se sumó Martin—. Creo que será una experiencia de lo más instructiva.

—Pues yo creo que será una experiencia de lo más destructiva —replicó Leo—. ¿No me podría quedar en casa con Bat Pat?

—¿Y quién te ha dicho que Bat no quiera venir con nosotros? ¿Verdad, Bat? —preguntó el señor Silver, volviéndose hacia mí.

¡Por el sónar de mi abuelo! ¡Estaban pidiendo mi opinión en una importante decisión familiar! Me sentí tan conmovido que contesté sin pensar:

—¡Más que verdad! ¡Será una pasada!

Leo me fulminó con la mirada. Después siseó una sola palabra:

—¡Traidor!

2
VIAJAR DURMIENDO

Leo estuvo de morros conmigo durante tres días. Pero debo decir que su humor (y también el mío) cambió radicalmente en cuanto el señor Silver se presentó en el 17 de Friday Street con la autocaravana que había alquilado: una especie de ballena blanca de siete metros de largo con un compartimiento sobre la cabina del conductor y un montón de volutas azules en los laterales.

—¡Uau! —exclamé, planeando sobre el techo—. ¡Parece un trasatlántico!

—¿Es diésel o gasolina? —preguntó Martin, interesado en los aspectos técnicos.

—¿No es una monada? —repetía a todo el mundo la señora Silver—. La he elegido inmediatamente por el color de las cortinas.

—¡Aquí duermo yo! —gritó Leo desde el interior. Se había subido al compartimiento por la escalerilla y estaba mirando afuera con la nariz aplastada contra el cristal de la ventanilla.

En fin, que aquella enorme «cabaña sobre ruedas» le gustaba a todo el mundo, y cuando descubrí que el señor Silver había montado una cómoda camita para

un servidor en el hueco de la tele, a mí también me encantó.

—¿Quééé? ¿Y yo tengo que perderme los capítulos nuevos de *Banana Man* porque Bat Pat no duerme colgado cabeza abajo como cualquier murciélago normal?

Banana Man, una especie de tío larguirucho vestido de amarillo, era el superhéroe favorito de Leo. No se perdía ni un capítulo.

—Da igual, en Noruega no lo emiten —le sosegó Rebecca—. Y aunque lo emitieran, no sabes noruego.

—Lo que significa que lo aprenderé estas vacaciones. ¡Sobre todo los términos gastronómicos!

La discusión se vio interrumpida por la perentoria orden del señor Silver:

—Ahora, id a hacer las maletas. ¡Saldremos mañana de madrugada!

¿De madrugada? Un horario perfecto. Justo cuando los murciélagos como yo se meten bajo las sábanas tras una noche de correrías. Como solía decir mi tío Esculapio: «No hay nada como una buena siesta para dar al médico fiesta». En realidad, dormimos casi todos, acunados por el murmullo constante del motor. El único que se mantuvo despierto junto al señor Silver, con un ojo en la carretera y otro en el mapa, fue Martin. Lo último que vi antes de cerrar los párpados fue su mano indicándole a su padre que girara a la derecha.

Dormí a pierna suelta casi todo el día, alternando sueños alegres y pesadillas terribles, como esa en la que, en un desfile de moda para niños, ¡aparecía delante de todos con un mono de esquí color fucsia!

Hacia el anochecer me desperté de golpe. Ante nosotros se extendía una fila de vehículos. Más allá se agitaba un mar gris y frío.

—¿Dónde estamos? —pregunté, revoloteando hasta el hombro de Martin.

—Estamos a punto de subir al trasbordador. Al otro lado del mar está Noruega.

—Entonces, ¡casi hemos llegado! —me alegré prematuramente.

—Casi, casi... —rió Martin—. ¡Dos o tres días más, y ya estará!

3

NOCHES «DELIRANTES»

Pasamos un día entero en el trasbordador (¡no soporto marearme!) y dos más en la carretera, cruzando paisajes cada vez más salvajes y desabitado a medida que avanzábamos dirección norte.

Leo no paraba de quejarse y mirar el reloj a cada minuto, hasta que, por la noche, exclamó:

—¡Maldición! Incluso el reloj se me ha «agarrotado»... Marca las 22.07 y todavía es de día. Será que el polo magnético hace saltar el mecanismo. Ya he oído hablar de eso...

—¿Y no has oído hablar nunca del verano boreal? —le miró divertido Martin.

—¿Eing? ¿De qué hablas, hermanito?

—En esta zona, entre mayo y julio nunca se pone el sol.

—Ah, ¿no? Y dime, ¿también hay focas voladoras?

—Tu hermano tiene razón —intervine—. Es el famoso fenómeno del «sol de medianoche».

—¿Queréis decir de verdad que aquí el día dura veinticuatro horas?

—Exacto —confirmó Martin—. Pero, durante los meses de invierno, el sol solo sale unas pocas horas al día. Y de noviembre a febrero ni siquiera eso. Siempre es de noche.

—¡Qué fuerte! Yo me pasaría el invierno hibernando y en verano bailaría toda la noche. ¡Yabadabadúúú!

Efectivamente, fue asombroso, porque aquella noche nadie pudo pegar ojo a pesar de que habíamos bajado las cortinas negras. Aquel embrollo entre luz y oscuridad dejó descolocados a todos los Silver y, sobre todo, ¡a un pequeño «habitante de la oscuridad» como yo!

La mañana siguiente parecíamos todos zombis. Todos salvo el señor Silver, que, presa de un incontrolable entusiasmo, avanzaba implacable hacia la meta. La carretera culebreaba como una serpiente negra entre las rocas y las desnudas montañas del extremo norte. De vez en cuando, en la costa, se abría

una profunda garganta entre las montañas, un fiordo, me explicó Martin, por el que penetraba el mar, ¡en ocasiones incluso kilómetros!

De repente, empezó a formarse niebla. El señor Silver se vio obligado a reducir la velocidad hasta que solo pudo avanzar a paso de tortuga.

—¡Por el amor de Dios, George! —gimió su mujer—. ¡Ve con cuidado!

—Elisabeth, ¿te importaría soltarme el brazo? ¡Me resultaría útil para conducir!

Poco después, sin embargo, el manto blanco se hizo tan espeso que tuvimos que parar.

—Paciencia. Esperaremos a que se levante la niebla —decidió nuestro piloto.

Pero la niebla persitía y no tardamos en darnos cuenta de que tendríamos que pasar la noche allí.

Esa vez no hizo falta bajar las cortinas. Había poca luz y mucho sueño atrasado. Todos se durmieron al instante, y yo habría hecho lo mismo gustosamente si mi «reloj biológico» me lo hubiera permitido y si

una luz extraña y ciertos ruidos que provenían del exterior no me hubieran mantenido en vela. ¡Miedo, remiedo! Levanté tembloroso una cortina: en la claridad de la niebla, que se había vuelto casi verdosa, me pareció ver que algo se alejaba a toda prisa. Desgraciadamente, fui el único que se dio cuenta...

4

SOMBRAS EN LA NIEBLA

A la mañana siguiente, sin embargo, los demás también se percataron de ello en cuanto sacaron la nariz de la «guarida». La niebla había menguado bastante y al fin podíamos vernos las caras.

—¡Eh, papá! —Martin lanzó la alarma—. ¡Ven a ver esto!

El señor Silver salió a echar un vistazo y se quedó de piedra: ¡las ruedas delanteras de la autocaravana habían desaparecido!

—Pero... pero... ¿quién ha podido hacer algo así? —balbució estupefacto.

—Y sin que nos diéramos cuenta... —añadió su mujer, observando los dos enormes bloques de piedra sobre los que se apoyaba la cabina del conductor.

¿Debía comunicar que había oído ruidos? Eso no habría arreglado nada y quizá me habría granjeado una regañina. Decidí callar.

—¿Y ahora qué hacemos? ¿Seguimos a lomos de un reno? —preguntó Leo.

—Bat, necesitamos tu ayuda, muchacho... —sentenció el señor Silver—. Tendrías que echar un vistazo por los alrededores y ver si hay alguien a quien podamos pedir ayuda...

¿Acaso podía negarme? En el fondo, me sentía un poco responsable de lo que había ocurrido.

Alcé el vuelo por encima de la niebla y enseguida me topé con una bandada de gaviotas que se dirigían al mar. Me uní instintivamente a ellas hasta que me encontré sobrevolando un pequeño fiordo al final del cual se alzaba una casa roja de techo puntiagudo.

Un hombre estaba descargando unas cajas de peces de una barca, ayudado por dos niños rubísimos. Aquella gente podría ayudarnos, así que volví inmediatamente a informar.

—¡Buen trabajo, Bat! —exclamó el señor Silver—. Iré a hablar con ellos. ¿Quién viene conmigo?

—Yo mismo —se ofreció Martin—. Alguna palabra noruega sí que sé...

—Yo esperaré aquí —contestó en cambio Leo—. No querría perderme otro sol de medianoche.

—Te aseguro, hijo —le tranquilizó su padre—, que esta noche dormirás a pierna suelta en una buena cama. ¡Palabra de George Silver!

Horas después, en efecto, estábamos sentados a la mesa de la cocina de la casa roja y habíamos conocido al señor Larsson, pescador, a su mujer, Kristine, y a sus dos rubísimos hijos, Björn y Olga (que no paraba de reír y mirar a Leo). Hablaban a la perfección nuestro idioma y se alegraban mucho de poder ayudarnos.

—¡Presentía que esta noche iba a pasar algo! —había comentado el señor Larsson—. La niebla tenía un color extraño.

Me habría gustado preguntarle si con «color extraño» se refería al verde, pero no me pareció prudente salir de la mochila de Rebecca.

El pescador había remolcado nuestra autocaravana hasta allí y había telefoneado al taller del pueblo.

—¿Qué han dicho? —le había preguntado angustiado el señor Silver.

—Que mañana vendrán a recoger la autocaravana. Si queréis, podéis pasar la noche en nuestra casa. Será un placer.

Y así, como le habían prometido, Leo disfrutó esa noche de una buena cama. Y nosotros también.

Estábamos a punto de deslizarnos bajo las sábanas cuando los joviales rostros de Björn y Olga asomaron por la puerta.

—¿Podemos entrar? —preguntaron—. Tenemos que preguntaros algo...

5

¡PAJARITO BONITO!

Olga se lanzó sobre la cama de Leo sin demasiados miramientos, mientras Björn se sentaba con las piernas cruzadas sobre el suelo de madera. La expresión de su rostro era terriblemente seria.

—¿Qué es lo que queríais preguntarnos? —se adelantó Rebecca yendo, como siempre, al meollo de la cuestión.

Como parecía que Björn no se decidía a hablar, Olga respondió por él:

—¡Mi hermano quiere saber si habéis visto quién os ha robado las ruedas! —Se volvió hacia Leo y lanzó una sonora carcajada.

—¿Y esta por qué se está riendo siempre? —preguntó él, fastidiado.

—Desgraciadamente, ninguno de nosotros ha visto nada —dijo Rebecca—. ¡Con esa niebla!

—Ya lo sé, siempre atacan cuando hay niebla... —murmuró Björn a media voz.

—Perdona, ¿cómo dices? —preguntó Martin.

El chico hizo como si nada y siguió:

—¿Ni siquiera habéis oído ningún ruido extraño?

—Aparte de los ronquidos de Leo —precisó Rebecca—, nada.

—¡Yo también ronco! —rió de nuevo Olga, dándole un manotazo en la barriga.

—No la aguanto… —gruñó Leo, poniendo los ojos en blanco.

—El único que quizá estaba despierto era Bat… —añadió Martin. Pero se interrumpió de golpe, arrepintiéndose de haber revelado mi presencia.

—¿Quién es Bat? —preguntó Olga con curiosidad.

—Es él. —Leo me señaló cuando saqué la cabeza de la capucha de su sudadera. En el fondo, ¿por qué esconderse de dos simpáticos chicos como aquellos?

Al ver que podía hablar, los dos se quedaron petrificados. Después, Olga empezó a estrujarme con abrazos mientras me llamaba «Pajarito Bonito». ¡Triste mundo! ¿Había hecho bien al descubrirme?

—Entonces, Pajarito Bonito —insistió Olga—, ¿tú has oído algo, al menos?

—A decir verdad, sí...

—¡Ah, lo sabía! —exclamó Björn—. A ver, explica...

—Primero he oído ruido de pasos arrastrándose. Luego he notado que la autocaravana se balanceaba ligeramente. Y, un minuto después, alguien que se alejaba gruñendo bajito.

—¿Gruñendo? —preguntó Leo—. ¿En Noruega hay jabalís?

—¡Jabalís! —rió burlonamente Olga—. ¡Tú sí que eres bestia!

—A ver, Bat, ¿por qué no nos habías dicho nada? —se enfadó Rebecca.

—Porque... porque... estooo... me sentía culpable por no haber dado la alarma. ¡Pero es que tenía tanto miedo!

Björn parecía excitadísimo.

—Pasos arrastrándose y gruñidos... ¡Creo que ya sé quién os ha robado las ruedas! —exclamó.

—¡Qué noticia tan fantástica! —dijo Leo, haciendo desternillarse de risa a Olga—. ¿Y se puede saber quién ha sido?

Björn se puso serio antes de contestar. Su hermana también dejó de reír.

—Los trolls —dijeron al mismo tiempo—. ¡Los trolls de las Lofoten!

6

¡MALDITO MAREO!

Como supe a la mañana siguiente, las Lofoten eran unas islas cercanas, muy montañosas y antiguas, a las que el joven Björn y su hermana querían llevarnos de visita.

Tras un abundante desayuno a base de pan negro, mantequilla y arenques ahumados que hizo las delicias de Leo, los dos chicos obtuvieron permiso de su padre para coger la barca a motor y llevarnos hasta allí mientras el señor Silver iba al taller con el señor Larsson a resolver el tema de las ruedas.

Mamá Silver nos hizo prometer hasta la saciedad que seríamos prudentes y me pidió que cuidara de los chicos.

—Tranquila, señora Silver, no les perderé de vista ni un segundo.

Subimos todos a la barca y nos pusimos en marcha. Björn parecía un viejo lobo de mar timón en mano. ¡Pues claro que su padre se fiaba! Aun así, Leo se mareó enseguida.

—¡Qué verde te has puesto! —dijo Olga, riéndose.

—¿Adónde vamos, en concreto? —preguntó Martin mientras nos acercábamos a nuestro objetivo.

—Al Trollfjord, el fiordo de los trolls. Después de lo que os ha pasado, tenéis que verlo.

—A ver —saltó Leo, que ya había «sacado» los arenques, la mantequilla e incluso el pan negro—, ¿quiere alguien explicarme lo que son los trolls?

Los dos hermanos intercambiaron riendo una mirada de complicidad. Después, Björn contestó:

—Son unos seres salvajes, grandes y peludos que viven en grandes cuevas en la montaña o a orillas del mar. Tienen el pelo largo, la nariz grande y una boca enorme. En las manos y los pies solo tienen cuatro dedos. Son muy buenos nadadores y les encanta la carne cruda. Normalmente, se mantienen alejados de los humanos, pero de vez en cuando, empujados por la curiosidad y el hambre, se acercan a las casas a espiar o a robar. Pero solo cuando hay niebla...

—Qué monos... —dijo Leo, irónico—. Y, según vosotros, son ellos los que nos han mangado las ruedas...

—Bueno, son rumores, naturalmente. Pero estamos seguros de que la leyenda de las estatuas de piedra es auténtica.

—¿Estatuas de piedra? —intervino Rebecca—. ¿Me lo explicas?

—Dentro de poco las verás —le explicó Björn, dirigiendo la proa del barco hacia una ensenada que se abría entre dos paredes de roca verticales. Nuestra única compañía eran las ráfagas de viento y algunos extraños pájaros con el pico rojo que no había visto nunca.

—¡Son frailecillos! —explicó Olga adivinando nuestra curiosidad—. En primavera hacen sus nidos entre esas rocas verticales que dan al mar. Son graciosos, ¿verdad? ¡A mí me hacen mucha gracia!

—¡Menuda sorpresa! —comentó Leo, observando aquellas aves de pico rojo, amarillo y azul.

—Ya hemos llegado —dijo de repente Björn, deteniendo la barca ante la entrada de una gran gruta oscura. A los lados había dos enormes torres de roca haciendo de centinelas.

7

HOMBRE PRECAVIDO… SE PIERDE

Son esas las famosas estatuas de piedra? —preguntó Rebecca.

—Exacto —contestó Björn—. ¡Y dentro de cada una se esconde un troll auténtico!

—¿Y cómo han llegado a ese estado? —quiso saber Leo—. ¿Han tenido una digestión pesada?

—Bueno, normalmente un troll se convierte en piedra si le da la luz del sol. Por eso solo merodean de noche o por los bosques más densos. Pero con estos dos la cosa fue diferente. Según una leyenda local, ¡fueron víctimas de una terrible maldición!

—¿Qué mal... maldición? —balbució Leo, preocupado por el cariz que tomaba la conversación.

—La maldición se la lanzó un viejo mago que vivió en estas islas tiempo atrás. Parece ser que los trolls le robaron un valioso reloj de agua con polvo de oro en su interior. Él los siguió hasta aquí y, para vengarse, los petrificó al instante —explicó Björn.

—Cosa que les elimina como sospechosos del robo de las ruedas... —dijo Martin, pensativo.

—¡Pero la leyenda también dice que «un día, las estatuas de piedra se despertarán»! —intervino Olga, ansiosa por decir algo.

—¿Y cuándo? —bromeó Leo—. ¿Cuando alguien les lance una piedra a la cabeza?

—No —replicó ella, jovial—. «Cuando el cielo explote en verano.» Divertido, ¿verdad?

—Para morirse de risa —dijo Leo.

Aunque solo se trataba de una leyenda, un escalofrío me recorrió la espalda. Estaba a punto de preguntar qué eran las dos rocas pequeñas que había junto a aquellas dos moles cuando Björn bajó de la barca y nos indicó que le siguiéramos al interior de la gruta. Diez pasos y nos encontramos en la más profunda oscuridad donde, remiedo aparte, me sentía en mi salsa. Mi sónar me envió rápidamente un montón de información: era una gruta muy grande, llena de pasadizos y ramificaciones.

—¡Puaj! Aquí dentro huele a rata muerta —se quejó Leo—. Y no veo dónde pongo los p...

Antes de que pudiese terminar la frase, Björn ya había encendido una gran linterna.

—Grandecita, ¿verdad? —dijo, iluminando las paredes—. La estamos explorando toda poco a poco. ¿Os apetece verla?

—¡Muchísimo! —contestaron al unísono Rebecca y Martin.

—¡Nada! —contestamos Leo y yo.

Pero las carcajadas de Olga ahogaron nuestra voz.

—Seguidme —susurró Björn, dirigiéndose hacia el interior.

Leo hurgó en su mochila y sacó una linterna de minero, que se colocó en la frente.

—Hombre precavido, vale por dos —comentó, con satisfacción.

Vagamos por aquel laberinto de galerías horadadas en la roca durante un tiempo que me pareció interminable. Cuando ya casi había perdido el sentido de la orientación, cruzamos un pasaje estrecho y resbaladizo... tan resbaladizo que Leo, que cerraba la fila, perdió el equilibrio y se agarró a mí para no caerse, pero... ¡nos arrastró a todos por un oscuro precipicio con un grito digno de un auténtico troll!

Afortunadamente, aterrizamos sobre algo blando y una voz familiar comentó:

—Divertido, ¿verdad?

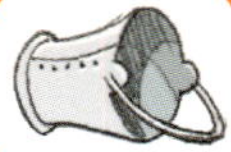

8

UNA AVALANCHA DE RUEDAS

Leo gruñó, tapándose los ojos.

—Si tuvieras la amabilidad de apartar esa luz de mi cara, quizá podría ver dónde hemos acab...

Cuando Björn dirigió la linterna hacia otro lado, nos quedamos todos sin palabras. Lo que más nos impresionó no fueron las dimensiones de la gruta sino la montaña de chismes hacinados allí dentro: había botas de agua, colchones, un cochecito de bebé, aparejos de pesca, botes de hojalata, una bicicleta, ropa, una nevera, zapatos usados, juguetes, un par de ordenadores, dos ruedas nuevas que me pareció reconocer inmediatamente...

—¡Alucina gelatina! —exclamó Leo—. ¡Pero si son las ruedas de nuestra autocaravana! ¿Cómo han acabado aquí?

—¡Buena pregunta! —comentó Martin, limpiando los empañados cristales de sus gafas.

«¡Gafas empañadas, problemas también en vacaciones!», pensé al instante, reconociendo aquella inconfundible señal de alarma. ¿Cómo era posible que Rebecca y Leo no nos hubieran hecho caso?

—No cabe la menor duda —sentenció Björn—. Esto es obra de los trolls.

—Puede que no lo hayas notado, pero hace un momento estaban un poquito «rígidos» —objetó Leo.

—Y además, ¿qué iban a hacer los trolls con un ordenador? —preguntó Rebecca.

—¡Un videojuego en el que deben capturar el máximo número de niños y después freírlos a la parrilla! —bromeó Leo como era habitual en él.

—¡Los trolls no comen niños! —le reconvino Olga—. Es más, los niños son los únicos a los que les permiten que les vean. ¿No lo sabías?

—¡Menudo notición! Ahora me siento mucho más tranquilo —replicó Leo, haciendo una mueca.

—Tenemos que llevarnos las ruedas —les cortó Rebecca—. ¿Quién se sube ahí arriba?

Nos miramos vacilantes: corríamos el riesgo de quedar sepultados bajo una avalancha de cacharros abandonados.

—¿Y si Bat intenta volar hasta ahí arriba y darle un empujoncito a las ruedas? —sugirió Björn.

—¡Muy buena idea! —convino inmediatamente Martin—. ¿Te ves con ánimos, Bat?

—¡Ánimo, Pajarito Bonito! —gritó Olga—. ¡Estamos contigo!

¡Triste mundo! ¡A veces me pregunto por qué mi madre me dio alas! Pero ¿acaso podía defraudar a mis amigos? ¡Desde luego que no! Así que revoloteé con ímpetu hasta la cima, me apoyé sobre una de las ruedas y empecé a aplicar la famosa técnica del Muelle Rítmico que me había enseñado mi primo Ala Suelta, miembro de la escuadrilla acrobática. La rueda empezó a balancearse cada vez con más fuerza, transmitiendo el movimiento a la otra.

—¡Sigue así, Pajarito Bonito! —me animaba Olga. Los demás también gritaban, lo que me impidió oír la última indicación de Martin que, al ver que la pirámide empezaba a tambalearse, intentó advertirme:

—¡Para, Bat! ¡Es peligroso! ¡Paraaaaaa!

Demasiado tarde. La primera rueda rodó hasta el suelo (¡eso estuvo bien!) y tras ella la segunda y toda la montaña de objetos al completo. No puedo decir quién quedó sepultado y quién logró ponerse a salvo. Lo que recuerdo bien es el aterrador alarido que se oyó poco después y la espantosa serie de gruñidos que le siguieron. Alguien se estaba acercando a toda velocidad.

9

DIENTECILLO CUCHILLITO

Me di cuenta casi enseguida de que Leo y Olga habían quedado atrapados bajo el alud de deshechos. Martin y Rebecca ya se estaban afanando con su hermano, mientras Björn parecía tener problemas con el «peso pluma» de su hermana. Me lancé en picado hacia ella como un caballero en defensa de la típica damisela amenazada por un dragón (¡que gran comparación!). A decir verdad, los aterradores alaridos que oíamos acercándose se parecían a los de esos lagartos escupefuego, así que urgía liberar a Olga para poder salir pitando lo antes posible. Por desgracia, una maldita cuerda de plástico enroscada a su tobillo la mantenía presa. Björn tiraba de ella por los brazos, pero, cuanto más estiraba, más se ceñía la cuerda. Entonces recordé que en el CUSUPAPIPE (Curso de Supervivencia Para Pilotos en Peligro) al que había asistido con mi primo Ala Suelta me habían enseñado la técnica del Dientecillo Cuchillito, que se empleaba para serrar cualquier tipo de material (¡incluso metales!). Solo era cuestión de concentración. Aunque resultaba difícil concentrarse con aquellos gritos bestiales de fondo y con Olga, que no paraba de repetir obsesivamente: «¡Ánimo, Pajarito Bonito! ¡Confío en ti, Pajarito Bonito!». Cerré los ojos, respiré hondo y ¡RAS!, conseguí rasgar la cuerda justo a tiempo: ¡en el techo de la gruta vimos aparecer dos gigantescas sombras negras!

Nos metimos sin pensar por la primera abertura que encontramos. Los dos «aulladores», al menos, a juzgar por el repentino silencio, no parecían decidirse a ir tras nosotros. Quizá solo querían comprobar que no faltaba nada de su «tesoro». ¡Qué equivocados estábamos! Instantes después, los aullidos empezaron de nuevo, más altos y feroces que antes.

—¡Nos pisan los talones! —gritó Björn, que iba al final de todos.

—¡Bat, abre camino! —ordenó Martin.

Revoloteé entre galerías y grutas sin preocuparme de que los demás me siguieran. Oía sus pasos a mis es-

paldas, mientras los aullidos de nuestros perseguidores iban y venían. No sé durante cuánto tiempo avanzamos. Solo sé que, cuando me di la vuelta, detrás de mí... ¡ya no había nadie!

Mientras mi cerebrito daba vueltas frenéticamente para decidir lo que había que hacer, ocurrió lo último que me hubiera esperado.

Alguien a quien no conocía me hizo una pregunta:

—Eh, *murciégalo*, ¿tienes algo para mordisquear?

Me habría gustado salir disparado como un cohete, ¡pero el miedo remiedo me paralizó las alas!

10

OSVALDO, ¡AMIGO MÍO!

Qui... quién hay ahí? —tartamudeé.

—¡Tranqui, *murciégalo*! —respondió la voz—. No hay peligro: ¡soy Osvaldo!

—¿Osvaldo? ¿Qué Osvaldo?

De las sombras emergió, bamboleándose, un gracioso pájaro redondito con la barriga blanca y las alas negras. Tenía también la cara de dos colores, y entre sus blancas mejillotas salía un peculiar pico, de forma triangular y de color rojo, amarillo y azul.

—Pero tú... —exclamé, reconociendo el tipo de ave que había visto poco antes—... ¡tú eres un frailecillo!

—Nombre científico: *Fratercula arctica*. ¡Muy bien! ¿Se puede saber qué haces aquí?

—Me he perdido. O, mejor dicho, he perdido a mis amigos.

—¿Un *murciégalo* que se pierde en una cueva? ¿Me tomas el pelo?

—Desde luego que no —contesté, algo seco—. Y no me llamo *murciégalo*: mi nombre es Bat Pat. ¿Sabes cómo se sale de aquí?

—¿Es una broma? ¡Yo vivo aquí! Mi nido está a solo dos galerías. He acondicionado una vieja madriguera de conejo: estrechita, pero acogedora y cómoda. ¿Te apetece verla?

—Oye, de verdad, no es que quiera ser descortés, pero tengo que encontrar a mis amigos, y a ser posible antes de que lo hagan los «aulladores».

—¿Los «aulladores»? Ah, entiendo: ¡los Cabezudos! No tienes por qué preocuparte. Son unos granujas, pero no son malos. Lo importante es mantenerse alejado de sus dientes. ¡Siempre tienen hambre! Ahora, sígueme.

—¿Los Cabezudos? ¿Quiénes...? —intenté preguntar.

Pero Osvaldo ya se había ido y, para no correr el riesgo de volver a perderme, le seguí sin rechistar. Para empezar, quiso enseñarme a toda costa su nido, que desembocaba en un acantilado sobre el tempestuoso mar. Después me hizo dar una vuelta turística por diversas grutas subterráneas. Finalmente, empezó última la subida hacia la entrada principal, la que habíamos utilizado nosotros.

—Ya estás a nivel de tierra, *murciégalo*. Allí está la salida. Y aquellos deben de ser tus amigos.

—No sé cómo puedo darte las gracias, Osvaldo —contesté enormemente conmovido, al tiempo que reconocía el perfil de Martin y de todos los demás a contraluz: ¡estaban a salvo, gracias a Dios!—. Si no hubiera sido por ti, yo...

Me interrumpí abruptamente. Mi amigo estaba mirando hacia arriba con una mezcla de asombro y terror. Así que yo también me volví hacia la entrada de la gruta. ¡Por el sónar de mi abuelo! Pero ¿qué estaba pasando? El cielo se había cubierto de ondas de colores en movimiento que iban del verde al rojo, pasando por un intenso violeta. ¡Parecía la paleta de un pintor enloquecido!

—¡Es fantástico! —exclamé—. ¿Qué es?

—¡La aurora boreal! —graznó Osvaldo, estupefacto—. ¡Pero eso es imposible! ¡Ahora no puede pasar! ¡Sálvese quien puedaaaaaa!

Vi cómo salía disparado hacia la entrada de la gruta. No sabía qué le pasaba, pero yo también tenía prisa por reunirme con mis amigos.

11

UN GRAN HEDOR A TROLL

Mirad quién viene! —gritó Olga exultante—. ¡Es el Pajarito Bonito!

Después me estrujó con uno de sus característicos abrazos. Los demás, en cambio, ni siquiera se giraron, hipnotizados como estaban por aquel cielo multicolor.

—¡Siento seguir vivo! —me lamenté.

—Sabíamos que te las arreglarías, Bat —me reconfortó Martin—. ¡Pero lo que está pasando ahí arriba es increíble!

—Ya lo sé. Es la aurora boreal. Parece que es algo habitual en esta zona, ¿no?

—Sí, pero solo en invierno —explicó Björn—. En verano es ¡IM-PO-SI-BLE!

—¡Un momento! —dijo Martin, fulminado por una de sus intuiciones—. ¿Se podría decir que «el cielo ha explotado»?

—¡Sí, y cómo! —replicó Olga, sonriente.

—¡La leyenda! —gritó Martin—. ¡La leyenda sobre las estatuas de piedra!

—¡Pues claro! —asintió Björn, al tiempo que se le iluminaba el rostro—. ¡La leyenda decía que las estatuas piedra de los trolls solo se despertarían cuando el cielo explotara!

—¡Es verdad! —exclamó Rebecca, señalando la entrada—. ¡Han desaparecido!

Esta vez fuimos nosotros los que nos «quedamos de piedra», mientras mirábamos fijamente el espacio vacío en el que antes se encontraban los dos colosos de roca. Después me di cuenta de que faltaba alguien.

—¿Dónde está Leo?

—Creíamos que estaba contigo... —contestó Rebecca.

—Y yo estaba convencido de que estaba con vosotros...

—Quieres decir que... ¡Oh, cielos! —exclamó Rebecca.

En ese momento, de las profundidades de la gruta llegó un rugido terrorífico.

«¡Pobre amigo mío!», pensé, imaginándomelo en compañía de aquellos monstruos.

—¡Tenemos que ir a buscarle! —dijo Martin, con decisión—. ¿Quién viene conmigo?

—Iremos todos —le tranquilizó Björn—. En el fondo, somos nosotros los que os hemos metido en este embolado, y nosotros os sacaremos de él.

Seguimos a Björn, que fue avanzando con cautela entre las oscuras galerías. De cuando en cuando, nos llegaba un terrible hedor ¡a perro mojado aderezado con huevos podridos!

Rebecca intentaba sisear en voz baja el nombre de su hermano:

—¡Leo! ¡Pssst! ¿Dónde estás?

De repente, Martin se acordó del pequeño transmisor que Leo le daba siempre que se embarcaban en una «aventura». Lo encendió inmediatamente y le llamó una y otra vez:

—¡Martin llamando a Leo! ¡Cambio!

Cuando casi había perdido la esperanza, Leo contestó.

12

«PICADURAS» DE MURCIÉLAGO

Era más que evidente que nuestro hermano gordinflón estaba masticando algo.

—Hola, Martin... ñam... ñam... Llevo media hora buscándoos... ñam... ¿Dónde os habéis metido?

—Dónde te has metido tú —contestó Martin—. Dínoslo, que vamos a buscarte.

—He hecho unos amigos... ñam... Estamos tomándonos un piscolabis... Aquí, en la gruta de la basura... ¡Os espero! ¡Cambio y com... estooo, y corto! ¡Burp!

No había tiempo que perder. Mi sónar había memorizado el plano de aquel lugar: la gruta en la que se encontraba Leo estaba muy cerca. Pero en el último recodo nos detuvimos de golpe al ver, a poca distancia de nosotros, dos grandes sombras que nos bloqueaban el paso.

Björn alzó la linterna lentamente y, poco a poco, el haz de luz iluminó dos gigantescas figuras. El espectáculo que apareció ante nosotros era de los que ponen la piel de gallina... Dos seres de tres metros de altura, cubiertos de pelo y apestando a carroña, nos miraban con odio mientras sus enormes dientes amarillos rechinaban.

—¡Pero... pero si son... los trolls de piedra! —dijo

Olga, mientras reía histéricamente—. ¡Se han despertado de verdad!

Un rugido sordo emergía de sus gargantas mientras nos observaban con una mirada malvada.

«¡Quizá están decidiendo por dónde empezar a comernos!», pensé.

Todos estábamos paralizados de terror.

Todos salvo Martin, quien, tranquilo, intentó dirigirse a ellos educadamente:

—Muy buenos días, gentiles señores. ¿Serían tan amables de indicarnos dónde está nuestro herma...?

El troll le gritó con tal fuerza que le revolvió el pelo y le cubrió las gafas de baba amarilla. Evidentemente, la educación no era suficiente.

—¡Cuidado ahí abajo! —grité al tiempo que alzaba el vuelo, mientras aquella bestia se lanzaba contra mis amigos y, tras ella, la que parecía ser su linda mujercita.

Decidí que la mejor táctica sería la que mi primo Ala Suelta empleaba cuando se enfrentaba a enemigos más grandes y fuertes que él: ¡el Vuelo del Mosquito! Consistía en una serie de velocísimos ataques en tres fases: ¡golpe-picadura-retirada!

Los trolls, acuciados por mis «picaduras», aullaban y se revolvían enfurecidos, pero eran demasiado lentos para atraparme. De momento les estaba manteniendo a raya, pero ¿cuánto tiempo podría resistir?

Afortunadamente, justo cuando las fuerzas empezaban a fallarme, llegó una ayuda inesperada.

—Eh, *murciégalo*, ¿te echo un ala?

13

EL MÉRITO ES DEL CHOCO COCO

¡Ojalá hubierais visto de lo que pueden ser capaces un murciélago acrobático y un frailecillo de las islas Lofoten juntos!

Yo seguí con mis ataques «de mosquito» mientras él se lucía haciendo espectaculares piruetas y salpicándoles la cara con descargas blancas de las que es fácil imaginar el origen. En tierra, los demás también se esmeraban: Rebecca y Olga, arrancándoles de raíz el largo pelo de las piernas, y Martin y Björn, ametrallándolos con piedras.

Poco a poco les hicimos retroceder hasta la entrada de la «gruta de la basura», como la había llamado Leo, que debería haber estado allí… Pero ¿dónde estaba?

Aquella fue la última sorpresa de la mañana: sentado sobre dos ruedas de autocaravana, nuestro hermano estaba merendando con dos simpáticas criaturitas peludas que nos miraban enfadadas.

—¡Hola, chicos! ¡Hola, señores trolls! —les saludó Leo con inesperada jovialidad—. ¿Sabíais que vuestros hijos se vuelven locos por el Choco Coco? Ya se han comido cinco cada uno. ¿Queréis probar uno?

El padre troll se acercó a Leo, que le había tendido una barrita de chocolate; la husmeó con desconfianza y después lanzó un alarido y levantó al chico del suelo, apretándole amenazadoramente entre sus enormes puños.

Estábamos a punto de lanzar otro ataque cuando ocurrió algo sorprendente. Uno de los dos pequeños se acercó a su padre, le dio una patada en la espinilla, y gritó y protestó hasta que este dejó a Leo en el suelo. Entonces los dos cachorros corrieron hasta el chico y lo abrazaron como si fuese su hermano.

—¡Molan! —dijo Leo, riéndose—. ¡Apestan de mala manera, pero son simpáticos!

Papá y mamá troll también se echaron a reír, haciendo temblar las paredes de la gruta.

¿Cómo no íbamos a reírnos en una situación tan chiflada? El peligro parecía haber pasado.

—¡Eh, *murciégalo*! —me gritó Osvaldo, que se había posado en el brazo de Rebecca—. ¿Me das a mí también una barrita de Choco Coco? Creo que me la he ganado, ¿no?

Leo vació las reservas de su mochila: al parecer, los dos trolls adultos también estaban ansiosos por probar su Choco Coco.

—¡Nosotros, mucha hambre! —bramó el padre con su vozarrón.

Leo desenvolvió un par de barritas y se las tendió. Papá y mamá las cogieron con sus gigantescas manos y, con aire satisfecho, fueron a compartirlas con sus hijitos, que, evidentemente, hacía mucho tiempo que no veían. Después, los adultos observaron con aire inquisitivo a sus dos pequeños mientras estos se encaramaban a la montaña de chismes.

—Bueno, al menos ahora ya sabemos quién nos ha robado las ruedas de la autocaravana —dijo Martin, contemplando cómo los pequeños trolls mostraban orgullosamente a sus padres algunos objetos como si de preciosos tesoros se trataran—. Me pregunto por qué...

—Fácil, hermanote: porque esperaban poder romper la maldición —dijo Leo, extrañamente serio.

14

LA MALDICIÓN DEL ALQUIMISTA

A ver, ¿se puede saber de qué va esta historia, Leo? —inquirió Martin cuando por fin nos subimos a nuestra barca para dirigirnos a casa.

—Me la han explicado los pequeños trolls, entre gestos y palabras —contestó Leo—. ¿Recordáis la leyenda? Un mago petrificó a los trolls para vengarse por el robo de su reloj de agua con polvo de oro. En realidad, fueron los dos pequeñines los que lo robaron. Y cuando el mago llegó a la gruta y les lanzó la maldición, papá y mamá troll hicieron de escudo con su propio cuerpo para protegerles. Los pequeñines lloraron toda la noche junto a las estatuas de sus padres, hasta que el amanecer les sorprendió y también les convirtió en piedra. Pero no para siempre: de día, efectivamente, son de piedra. ¡Pero por la noche se despiertan!

—Pero esta noche sus padres también se han despertado —recordó Björn—, tal como dice la leyenda.

—«Cuando el cielo explote en verano» —asintió Olga, jovial—. ¡Ha sido precioso!

—Pero la aurora no es suficiente, por desgracia —contestó Leo con tristeza—. Les puede despertar, pero no curarlos para siempre. Solo hay una forma de romper la maldición.

—¿Cuál? —preguntó Martin, pensativo.

—Recibir algo del hombre.

—Entonces, ¡esa es la razón por la que los pequeñines cogían todas esas cosas! —exclamó Björn.

—Sí, pero eso no es recibir —matizó Rebecca—. Eso es robar.

—Exacto, hermanita: debe ser un regalo espontáneo. Y nadie hace regalos a los trolls.

—Un momento... —dijo Martin, pensativo—. Y los Choco Coco que les has dado hace un rato... ¿no cuentan?

—Me temo que no. Tiene que ser algo por lo que sientas mucho aprecio. Algo muy especial.

—Podríamos hacerlo nosotros... —sugirió tímidamente Olga.

Leo la miró con simpatía por primera vez.

—¡Es una idea genial!

Pero Martin parecía preocupado.

—Solo hay un problema —comentó—. La aurora boreal de verano solo se da cada ciento cincuenta años, dos días seguidos. Por tanto, o resolvemos este tema antes del próximo amanecer o nuestros amigos seguirán siendo de piedra durante al menos... un siglo y medio.

Llegamos a casa. Los señores Larsson estaban furibundos con sus hijos por haber pasado la noche fuera. Papá Silver también se disponía a reñirnos a nosotros, pero al ver a Leo y a Martin descargando de la barca las ruedas de la autocaravana, cambió completamente de humor.

—Pero... ¿cómo lo habéis hecho? ¿Dónde las habéis encontrado?

—Es una historia muy larga, papá —liquidó el tema Leo—. Alguien nos ha dicho dónde buscarlas.

—Entonces, creo que podemos anular el encargo del taller —dijo el señor Larsson.

—Estoy de acuerdo —convino el señor Silver—. Siento haberle provocado tantas molestias. Nos marcharemos mañana por la mañana a primera hora.

Leo nos lanzó una mirada llena de preocupación. La última «aurora boreal de verano» se produciría justamente en la madrugada del día siguiente.

15

UN VUELO DE MIEDO

Así pues, la situación era la siguiente: Björn y Olga estaban castigados en la habitación y tenían prohibido salir de allí hasta la hora de cenar. El señor Larsson había ido a pescar con la barca para intentar recuperar el día que había perdido por nuestra culpa. Papá había ido a poner las ruedas de la autocaravana y la señora Silver no paraba de darme las gracias por haber cuidado de sus hijos y de reprenderlos a ellos por «haberla tenido preocupada toda la noche».

Aquella noche, la señora Larsson sirvió un pastel de merluza para chuparse los dedos y una tarta de frambuesas que aportó algo de buen humor a la casa.

Pero, cuando los hermanos Silver y yo volvimos a la habitación, nos invadió el pesimismo. Björn nos acababa de decir que su padre estaría toda la noche de pesca con la barca, y el primer transbordador que iba a las islas Lofoten salía demasiado tarde para llegar a tiempo a la gruta de los trolls antes del alba.

¡Estábamos realmente perdidos! O mejor dicho, lo estaban los trolls.

De repente, Martin tuvo una de sus ideas relámpago:

—¿Cómo se llamaba aquel pájaro amigo tuyo, Bat?

—Osvaldo. ¿Por qué?

—Porque quizá él pueda ayudarnos...

Me enfrenté al frío de la noche para llegar a la isla en la que vivía el frailecillo (¡por suerte, Rebecca había metido en la maleta mi mono térmico!). Cuando aparecí ante él vestido a lo Batman, casi le dio un síncope. Le expliqué nuestra chaladura de plan y él, al contrario de lo que esperaba... ¡aceptó!

—¡Vale, *murciégalo*! Id solos a la playa en cuanto el cielo empiece a volverse verde. Y dile a tu amigo gordo que traiga unas cuantas barritas de chocolate. ¡Son energéticas!

Volví para explicárselo a mis amigos (sin decirle a Leo que le habían llamado «gordo»). Ellos, mientras tanto, habían decidido qué regalarles a los trolls.

—Tiene que ser un regalo espontáneo —había recordado Leo—. Y algo a lo que le tengamos mucho aprecio. ¿Te has decidido, Bat?

—¿Por qué yo? ¡Yo no soy «humano»!

—Pero eres su amigo —insistió Leo—. Funcionará igual, ya verás.

Estuvimos pendientes del cielo desde la ventana de la habitación. En cuanto empezaron a aparecer los primeros rayos verdes, salimos de puntillas con una manta de lana cada uno. En la playa nos esperaba un espectáculo increíble: centenares de frailecillos se habían reunido allí.

—¡Hola, *murciégalo*! —me saludó Osvaldo—. ¿Preparados para el despegue?

Sí, la idea era justo esa: que nos llevaran volando a la «gruta de los trolls». ¡Ya lo sé, es una locura! Pero os juro que funcionó. Los hermanos Silver se tendieron cada uno sobre una manta mientras decenas y decenas de frailecillos la aferraban firmemente con el pico. Después, a una señal invisible, empezaron a batir las alas todos a la vez y a elevarse del suelo. Yo seguí su ejemplo con mis alitas, temblando por mis amigos.

Nos dirigimos hacia el Trollfjord y aterrizamos ante la entrada de la gruta, ¡justo cuando la aurora boreal brillaba en todo su esplendor!

16

PALABRA DE MURCIÉLAGO

Las piedras más grandes se despertaron lentamente, seguidas de las más pequeñas. Ahora la familia de los trolls estaba ante nosotros mirándonos con los ojos llenos de esperanza.

El primero en dar su regalo al pequeño troll fue Leo: una barrita de chocolate blanco de Tromso, el más bueno del mundo, que había comprado durante el viaje.

La segunda fue Rebecca, que había reservado para la hermanita el primer par de zapatillas de ballet que le habían regalado y que llevaba siempre consigo como amuleto.

Martin incluso se desprendió de un libro autografiado de Edgar Allan Papilla del que no se separaba nunca. Después llegó mi turno. Me entraban ganas de llorar al pensar lo que estaba haciendo. Pero lo había prometido y, como solía decir mi abuela Ma-

zurca: «¡Un murciélago que da su palabra, habla una vez y luego calla!»

Saqué del mono mi pluma de oca personal. La pluma con la que había escrito mi primer libro y que me había traído tanta suerte.

Los cuatro trolls nos dieron las gracias a su manera, con gruñidos y manotazos en la espalda. A Leo,

además, le dieron una especie de beso baboso. Él contempló conmovido cómo su tableta de chocolate desaparecía en la gruta junto a los trolls, mientras yo llamaba de nuevo al frailecillo.

—¡Ah, no, amigo mío! —respondió él—. Primero tenemos que llenar el tanque. ¡Saca esos Choco Coco que nos habías prometido!

Es increíble la cantidad de comida que Leo logra meter en su mochilita. ¡Aunque sus reservas nos garantizaron el viaje de vuelta! Björn y Olga nos oye-

ron entrar y corrieron a escondidas a nuestra habitación para saber cómo había ido.

—¿Ha sido divertido? —preguntó Olga riéndose. Pero enseguida se arrepintió y miró a Leo preocupada.

—¡Esta vez sí! —contestó él, riendo también—. ¡Ha sido una pasada!

A la mañana siguiente, muy temprano, salimos en dirección a Cabo Norte, no sin antes intercambiar direcciones y teléfonos con nuestros nuevos amigos noruegos.

—¡Ahora tenéis que venir vosotros a Fogville! —les invitó el señor Silver.

—Podemos ir cuando no sea temporada de pesca, ¿verdad, papá? —propuso Björn.

—Sí —contestó Olga, riendo—. ¡Sería muy...

—... divertido! —se le adelantó Leo, haciéndonos reír a todos.

Dos días después llegamos a la meta de nuestro azaroso viaje: ¡Cabo Norte, el extremo norte de Europa!

¿Queréis saber qué había que ver en Cabo Norte? ¡Absolutamente nada! Solo un maravilloso balcón de roca que daba a un mar infinito y tempestuoso, con un viento helado que te arrancaba las orejas de cuajo. ¿Y queréis saber por qué ha valido la pena ir igualmente? ¡Porque a veces los viajes más bonitos son justamente los más difíciles!

Un saludo «congelado» de vuestro

Bat Pat

ÍNDICE

BAT PAT

NO OS PERDÁIS...

1. EL TESORO DEL CEMENTERIO
2. BRUJAS A MEDIANOCHE
3. LA ABUELA DE TUTANKAMÓN
4. EL PIRATA DIENTEDEORO
5. EL MONSTRUO DE LAS CLOACAS
6. EL VAMPIRO BAILARÍN
7. EL MAMUT FRIOLERO
8. EL FANTASMA DEL DOCTOR TUFO
9. LOS TROLLS CABEZUDOS
10. UN HOMBRE LOBO CHIFLADO

¡ADIÓS, AMIGOS!